飛田和緒の
おうち鍋

はじめに

　2009年に出版した『飛田和緒のなべ』に、今の気分のメニューを加えてリニューアルをしました。とはいっても、コンセプトは変わらず、味の決め手はだし。そしてひと鍋をどう楽しむか。これだけはずっとこだわってきたことです。

　ひと鍋で済む献立は忙しく、働く者にとってはありがたい料理です。具材を切って、だしを用意すれば、食卓で仕上げられるので、お腹を空かせていてもすぐに食べられます。我が家で一年中鍋を囲むことが多いのは、そんな理由が大きいですね。でも、手抜きとは思われたくないし、家族にも"また、鍋！"って言われないように、私なりに日々鍋のレシピに工夫を重ねています。

　大切にしているのは、季節の野菜を入れること。野菜は火を通すと量が減るので、たっぷりと食べられます。それに、野菜と一緒に肉や魚を合わせればお互いのうまみが相まって、一層おいしくいただけます。野菜の切り方の変化でも、歯ごたえや口当たりが違ってくるのも面白いところ。例えば長ねぎは斜めに薄切り、白髪ねぎ、ブツブツと5cm長さに切る、それをまた半割りにする。これだけで、見た目も変わって、思いがけない味に出合えます。

　また、だしは市販品や簡易的なだしを使わず、作りおきをしています。おすすめは水だし。常に冷蔵庫に1〜2ℓくらいのボトルのだしがあれば、すぐに鍋の用意ができます。水だしはただボトルにだしの材料と水を入れておくだけ。夜寝る前や、朝出かけるときに水だしボトルでチャッと作って冷蔵庫に入れておけばいいのです。鍋で煮出したり、こす作業もなし。そしてそのだしはお決まりの一種にせず、かつおだし、昆布だし、煮干しだしと、変化をつけると飽きることなく、新鮮な印象になりますから、だしの用意に手抜きはなしと思っています。

　食卓で料理ができ上がって、食べるのはどんな形であれ、気持ちが華やぎます。だしが温まり、具材を入れつつ、食べ進め、シメは雑炊にするか、麺を入れるかを決めたりして、盛り上がる。準備の時間より食べている時間が長くなるのも鍋のよいところではないかと思っています。具材の組み合わせだけでなく、薬味やたれもレシピによって使い分けていただけると嬉しいです。

飛田和緒

目次

2　はじめに

① 毎日のおかず鍋

8　常夜鍋
10　もやしすき
12　にん玉じゃがとさば缶の鍋
14　キャベツと厚揚げの鍋
16　トマト味噌すき
18　豚肉ときのこの酸辣湯鍋
20　味噌汁鍋
22　たらのトマト鍋
24　カレー鍋
26　たことマッシュルームのアヒージョ

② 魚介を楽しむ鍋

30　鮭の粕汁風鍋
32　さばの船場汁風鍋
34　揚げ魚と揚げ餅のみぞれ鍋
36　いわしのつみれ鍋
38　ねぎま鍋
40　うなぎ鍋
42　ブイヤベース風鍋
44　牡蠣鍋
45　あさり鍋

③ 肉を楽しむ鍋

50　鶏とキャベツの水炊き風
52　軟骨入り鶏だんご鍋
54　鶏すき焼き
56　白菜と豚の蒸し鍋
58　豚すきプルコギ風
60　黒ごま担々マーボー鍋
62　ぎょうざ鍋
63　ロメインレタスと豚のおろし鍋
64　もつ鍋
66　鴨だんご鍋
68　きりたんぽ鍋
70　ちゃんこ鍋
72　牛すき焼き

④ 野菜たっぷり鍋

78　香り野菜鍋
80　白菜とベーコンのミルク鍋
81　豆腐と水菜の豆乳鍋
82　きのこ鍋
84　水菜と油揚げのハリハリ鍋
86　ごぼう鍋
88　秋冬ポトフ
90　春のポトフ
92　信州風おでん
94　関東風おでん

5 しゃぶしゃぶして楽しむ鍋

100 牛しゃぶ
102 豚とねぎのしゃぶしゃぶ
104 鶏しゃぶ
106 金目しゃぶ
108 ぶりしゃぶ
110 鯛しゃぶ
112 エスニック鍋
114 野菜しゃぶしゃぶ

夏鍋

116 キムチ鍋
118 夏野菜の豚しゃぶ
120 夏野菜の蒸し鍋
122 湯豆腐
124 なすとみょうがの鍋
125 トマトチーズフォンデュ

コラム

6 だしのこと
28 おすすめつけだれ
46 鍋に添えたい副菜 和風
玉ねぎの卵黄のせ／たたききゅうり／塩もみキャベツ／
焼き油揚げのじゃこねぎのせ／豆苗のおかか炒め
74 鍋に添えたい副菜 洋風
にんじんのラペ／アボカドとモッツァレッラのサラダ／長芋の生ハム巻き／
ポテトフライ／れんこん、長ねぎのレモンオイル蒸し
96 鍋に添えたい副菜 中華・エスニック
香菜サラダ／セロリとパプリカのナンプラー漬け／大根の花椒しょうゆ漬け／
切り干しとねぎの卵焼き／ブロッコリーのごま油ゆで
126 薬味のこと

■本書の使いかた
○本書で使用している1カップは200㎖、大さじ1は15㎖、小さじ1は5㎖です。
○鍋の材料は2～3人分が基本ですが、調理しやすいもの、使いやすいものは
3～4人分の場合もあります。
○塩は精製されていないもの、特に指定のない場合は、しょうゆは濃口しょうゆ、
酒は日本酒、砂糖は上白糖です。こしょうは黒こしょうをひいて使っています。

だしのこと

鍋の味はだしで決まるといってもいいくらいです。最近は、鶏だし以外はだし素材に水を加えてひと晩おくだけの水だしを愛用しています。ミックスして使うこともあります。水だしを使いきったら、だし素材を煮出して使っています。煮出しただしは、うまみは少し薄くなりますが、鍋料理に使うなら十分。だしは、おいしいうちに使いきりましょう。

昆布だし

材料　昆布 … 10cm長さ3枚　水 … 10カップ
とり方
1　容器に昆布を入れ、分量の水を注ぎ、ふたをして冷蔵庫にひと晩おきます。昆布を入れたまま、冷蔵庫で3日ほど保存できます。
2　水だしの分を使い終わったら、昆布を鍋に入れ、8カップくらいの水を合わせて、10分ほど煮出し、昆布は除きます。保存は冷蔵庫で3日ほど。
＊昆布は切り込みを入れたり、小さく切ったりするとより濃いだしがとれます。だしをとった昆布は、つくだ煮などに利用を。

かつおだし

材料　かつお節 … 12g　水 … 10カップ
とり方
1　容器にかつお節を入れ、分量の水を注ぎ、ふたをして冷蔵庫にひと晩おきます。かつお節を入れたまま、冷蔵庫で3日ほど保存でき、こしながら使います。お茶パックなどを利用しても。
2　水だしの分を使い終わったら、かつお節を鍋に入れ、8カップくらいの水を合わせ、10分ほど煮出してこします。保存は冷蔵庫で3日ほど。
＊だしをとったかつお節は、炒りつけてつくだ煮やふりかけなどに利用を。

煮干しだし

材料　煮干し … 20本　水 … 10カップ
とり方
1　容器に煮干しを入れ、分量の水を注ぎ、ふたをして冷蔵庫にひと晩おきます。煮干しを入れたまま、冷蔵庫で3日ほど保存でき、こしながら使います。
2　水だしの分を使い終わったら、煮干しを鍋に入れ、8カップくらいの水を合わせ、10分ほど煮出してこします。保存は冷蔵庫で3日ほど。
＊煮干しによっては、頭と内臓を取り除いてから使います。

鶏だし

材料　鶏手羽先 … 8本　水 … 15カップ
とり方
1　鍋に鶏手羽先と分量の水を入れ、中火にかけます。
2　ふつふつしてきたら、弱めの中火にして、あくを丁寧にとりながら、20分ほど煮てそのまま冷まします。保存する場合は鶏手羽先を除き、冷蔵庫で3日ほど。
＊鶏のにおいが気になるときは、長ねぎの青い部分やしょうがの皮を加えても。鶏手羽先は身をほぐし、サラダやあえ物、スープの具などに使ってください。

毎日のおかず鍋

すき焼きにしゃぶしゃぶ……といっても、
手軽に、いつもの常備品でできるものばかり。
あるものをうまく組み合わせれば、
立派なおかずになる鍋ができ上がります。
何度も作るうちに、新たなおいしさが見つかる。
だからまた食べたくなって、
今日も朝から水出しのだしを作ることから始まります。

常夜鍋

毎日食べても飽きないから常夜鍋。肉も青菜も切らずに長いまま、
だしにくぐらせ、ポン酢につけて食べます。だしに日本酒をたっぷりと合わせて
ふくよかなだしにしても。お酒の進む鍋になります。

材料(2〜3人分)
豚もも肉(薄切り)　150g
ほうれん草　150g
ポン酢しょうゆ　適量
七味唐辛子、柚子こしょう　各適宜
● **スープ**
昆布だし(P.6参照)　4カップ
塩　少々

作り方

下ごしらえ

1 ほうれん草は根を切り、根元に切り込みを入れる。

煮る

2 鍋に昆布だしを入れて火にかけ、煮立ったら塩を加え、ほうれん草、豚肉を入れ、煮えたものからポン酢しょうゆにつけて食べる。

ポン酢しょうゆに、七味唐辛子や柚子こしょうを加えると味に変化がつきます。

もやしすき

もやしをたっぷりと合わせて、もやしの水気をだし代わりにしたいので、
一度ふたをして蒸し煮にし、水気をしっかりと出します。
水気が出たら、調味料をからめて具材をグツグツ煮ながら食べてください。

材料（2～3人分）
牛肉（切り落とし）　200g
もやし　1袋（200g）
三つ葉　1束
車麩　2個
牛脂　1個
卵　適宜
● **スープ**
昆布だし（P.6参照）　適量＊
砂糖　大さじ1½
しょうゆ　大さじ2
＊昆布だしはもやしから出る水気により加減する。

作り方

下ごしらえ

1 もやしはひげ根をとる。三つ葉は7～8cm長さに切る。
2 車麩はたっぷりの水につけてもどし、水気を絞り、4つに切る。

煮る

3 すきやき鍋を熱し、牛脂を入れて溶かす。脂が出たら牛脂は除き、牛肉を炒める。肉の色が変わったら砂糖、しょうゆの順に加えて混ぜる。もやし、車麩を入れ、ふたをして煮る（写真）。もやしから水分が出るが、足りない場合は昆布だし（約½カップ）を足す。
4 水気が出たら全体に調味料をからめて、三つ葉を合わせてさっと煮る。卵をといて、つけながら食べる。

もやしを入れたらふたをして煮ます。もやしがしんなりして、水気が出たらふたをはずします。

にん玉じゃがとさば缶の鍋

常備野菜とさば缶さえあればできてしまう手軽な鍋。
さば缶は水煮でも味噌煮でも好みのもので。さば缶からもいいだしが出るので、
だしなしでも十分です。好みで七味唐辛子をかけてください。

材料（2〜3人分）
さば缶（水煮または味噌煮）　1缶（170g）
にんじん　1本
玉ねぎ　1個
じゃがいも　2個
長ねぎの小口切り　20cm分
七味唐辛子　適宜
● スープ
昆布だし（P.6参照）　4カップ
塩、しょうゆ　各少々

作り方

下ごしらえ

1 にんじんは長さを3等分に切り、1.5cm幅の短冊切りにする。玉ねぎは1.5cm幅の輪切りにし、ほぐす。じゃがいもは皮をむき、縦半分に切り、さらに縦に6等分にくし形に切る。
2 さば缶は缶汁をきり、缶汁はとっておく。

煮る

3 鍋に昆布だしとさば缶の缶汁を入れ、1を加えて中火にかける。にんじんがやわらかくなったらさばを加え、ひと煮する。味をみて、足りなければ塩、しょうゆでととのえ、長ねぎを散らす。好みで七味唐辛子をふる。

キャベツと厚揚げの鍋

もつ鍋風にキャベツをたっぷりと切り、肉に下味をつけて作ります。
野菜の水気がしっかりと出て、グツグツ煮ると肉にもすぐに火が通ります。
全体にくったりしっとりとやわらかく煮えたら食べごろです。

材料(2～3人分)
キャベツ　¼個
厚揚げ　1枚(80g)
豚ロース肉(とんかつ用)　2枚(250g)
しょうがのせん切り　1片分
下味
　┃味噌、酒、砂糖、オイスターソース
　┃　各大さじ1
　┃甜麺醤(テンメンジャン)　小さじ1
● スープ
昆布だし(P.6参照)　¼カップ

作り方

下ごしらえ

1　豚肉は2cm幅の棒状に切る。ポリ袋に入れ、下味用の調味料を加えてもみ込む。口を閉じて、1時間からひと晩冷蔵庫において漬ける。

2　キャベツは2cm幅のざく切りにし、かたい軸は薄切りにする。厚揚げは1cm厚さ、3～4cm長さに切る。

煮る

3　鍋にキャベツを入れ、しょうがを散らし、厚揚げと豚肉を上にのせ、昆布だしを注ぎ、ふたをして中火で煮る。煮汁がグツグツしてきたらひと混ぜし(写真)、再びふたをして煮る。豚肉に火が通ったらでき上がり。

グツグツしてきたら厚揚げをくずさないようにひと混ぜし、煮汁を全体に行き渡らせます。

トマト味噌すき

トマトの酸味とうまみが味噌とよく合います。
まずは煮えばなのトマトと牛肉をからめながら食べ、
次に残った汁でねぎをやわらかく煮て食べる。ふたつの味を楽しめます。

材料(2〜3人分)
ミディトマト　5個
長ねぎ　2本
牛肉(焼き肉用)　200g
合わせ味噌
　味噌　大さじ3
　酒　大さじ1
　砂糖　小さじ2
　しょうゆ　小さじ1

作り方

下ごしらえ

1 トマトはヘタをくりぬき、4等分に切る。長ねぎは5cm長さに切る。
2 合わせ味噌の材料を混ぜる。

煮る

3 土鍋の縁に合わせ味噌を塗る(写真)。
4 鍋の真ん中に長ねぎを立てて並べ、周囲に牛肉を広げながら並べる。牛肉の上にトマトを散らし、ふたをして中火にかける。
5 香ばしいにおいがしてきたら、トマトと牛肉から食べる。食べ終わったら、再びふたをして、ねぎがやわらかくなるまで火を通す。合わせ味噌をからめながら食べる。

"牡蠣の土手鍋"風に鍋の底は避けて、側面にぐるりと1周、合わせ味噌を塗ります。

最後はねぎによく火を通し、味噌をからめながらいただきます。

豚肉ときのこの酸辣湯鍋（サンラータン）

スッキリとした黒酢の味と黒こしょうのピリッとした辛みで食べる鍋。
黒酢の分量はどうぞお好みで調整を。
シメは豆乳を加えて汁をまろやかにして、ラー油の辛みをプラスします。

材料（2〜3人分）
豚バラ肉（薄切り）　100g
白菜　1/8個
しめじ　1パック（200g）
えのきたけ　1袋（100g）
生きくらげ　3枚
ごま油　大さじ2
● スープ
昆布だし（P.6参照）　2 1/2カップ
A ｜ 塩　小さじ1/2
　 ｜ ナンプラー、しょうゆ　各小さじ1/2
　 ｜ 黒酢　小さじ2
　 ｜ 粗びき黒こしょう　たっぷり

作り方

下ごしらえ

1 豚肉は2〜3cm長さに切る。
2 白菜は7〜8cm長さ、1.5cm幅に切る。しめじ、えのきたけは根元を除き、しめじは粗くほぐし、えのきたけは長さを半分に切る。きくらげは1.5cm幅に細長く切る。

煮る

3 フライパンにごま油を熱し、豚肉を炒める。ほぼ色が変わったらしめじ、えのきたけ、白菜、きくらげの順に加えて炒める。
4 鍋に昆布だしを入れて温め、3を入れる。Aを加えて、味をととのえる。

★ シメのごはん

豆乳うどん　具を食べたら豆乳1/2カップを加え、ゆでうどんまたはゆでた乾麺を加えて温めます。器に盛り、好みでラー油をかけて。

味噌汁鍋

常備の根菜で作る味噌汁を鍋仕立てにしました。
汁気をやや少なめにし、具材をたっぷりと煮て食べます。
食べごたえがあるよう野菜を大きめに切りましたが、切り方、具材はお好みで。

材料(2〜3人分)
大根　5cm
にんじん　1本
ごぼう　20cm
豚バラ肉(薄切り)　150g
● **スープ**
かつおだし(P.6参照)　3カップ
味噌　大さじ2
塩、しょうゆ　各少々

作り方

下ごしらえ

1 大根は2cm幅の短冊形に切る。にんじんは5cm長さに切り、大根と同様に切る。ごぼうは5cm長さに切り、縦に薄切りにし、水に5分ほどさらす。
2 豚肉は長さを3等分に切る。

煮る

3 鍋に材料すべてを入れ、かつおだしを注いで火にかけ、中火で煮る。野菜がやわらかくなったら、味噌を玉じゃくし1杯分ほどの煮汁で溶き、煮汁に戻す。味をみて、塩、しょうゆでととのえる。

たらのトマト鍋

トマト缶を加えると、洋風な味わいの鍋に。
しょうゆまたは味噌を隠し味に入れてコクを出します。
まずはだしで野菜を煮てから、トマト缶を汁ごと加え、たらを煮て仕上げます。

材料(2〜3人分)
生たら切り身　2切れ
トマト缶(ホール)　1缶(400g)
玉ねぎ　1個
じゃがいも　2個
● スープ
昆布だし(P.6参照)　2カップ
塩　小さじ1
しょうゆ、粗びき黒こしょう　各少々

作り方
下ごしらえ

1　たらは1切れを3等分に切る。
2　トマト缶はボウルにあけ、トマトを手でつぶす。
3　玉ねぎは縦半分にし、さらに縦1cm幅のくし形に切る。じゃがいもは皮をむき、ひと口大に切る。

煮る

4　鍋にじゃがいもと玉ねぎ、昆布だしを入れて火にかけ、中火で煮る。具材がやわらかくなったらトマト缶を汁ごと加えて煮る。
5　グツグツと煮えてきたら、たらを加え、塩、しょうゆ、黒こしょうで味をととのえる。たらに火が通ったらでき上がり。

カレー鍋

ソーセージからもよいだしが出て、レタス1個があっという間に食べられます。
夏の暑いときにもおすすめ。冬ならレタスを白菜にかえて作ります。
うちの娘はシメのリゾットが食べたくて、この鍋をリクエストしてきます。

材料（2～3人分）
ウインナーソーセージ　8本
レタス　1個
ごぼう　10cm
玉ねぎ　½個
にんにく、しょうが　各1片
● スープ
かつおだし（P.6参照）　2カップ
カレールウ（フレーク状）　大さじ3
しょうゆ　小さじ1
ガラムマサラ　小さじ1
オリーブ油　大さじ2

作り方

下ごしらえ

1 ソーセージは横に細かく切り込みを入れる。
2 レタスは大きくちぎる。ごぼうはピーラーで薄く切る。玉ねぎは2cm幅のくし形に切ってほぐす。にんにく、しょうがはみじん切りにする。

煮る

3 鍋ににんにく、しょうが、オリーブ油を入れ、香りが出るまで中火で炒める。かつおだしを注ぎ、ソーセージと玉ねぎ、ごぼうを加えて煮る。
4 ごぼうに火が通ったらカレールウを溶かし、しょうゆ、ガラムマサラを混ぜて味をととのえ、レタスを加えながら煮て食べる。

★ シメのごはん

カレーリゾット　具を食べたらご飯を加え、ピザ用チーズを散らし、チーズが溶けたらでき上がり。

たことマッシュルームのアヒージョ

アヒージョはスペイン語でにんにく風味のことで、オリーブオイルとにんにくで煮込むスペイン料理。オイルをたっぷりと使い、そのオイルをバゲットにつけて食べます。たことマッシュルームの組み合わせは我が家の定番ですが、ほかのきのこやえびの組み合わせもおすすめです。

材料(2〜3人分)
ゆでたこ　150g
マッシュルーム　6個
にんにく　2片
塩　ふたつまみ
パセリのみじん切り　適量
オリーブ油　大さじ4〜5
バゲット　適量

作り方

下ごしらえ
1 たこは小さめのひと口大に切る。マッシュルームは軸を切り落とし、縦半分に切る。にんにくはみじん切りにする。

煮る
2 鍋にオリーブ油とにんにくを入れて中火にかけ、ふつふつしてきたらマッシュルームを入れ、塩をふる。
3 マッシュルームに火が通ったらたこを加え、たこが温まったらパセリをふる。薄切りのバゲットを添え、オイルをつけながら食べる。

●おすすめつけだれ

市販のものでも、手作りのものでも、自分の舌に合うものを見つけておきましょう。お気に入りの片口やフリーカップに注ぎ入れれば、さあ、鍋の時間です。

ポン酢しょうゆ 1

具材を問わず何にでも合う万能調味料。我が家では市販のもの、手作りのもの、どちらかは必ず1本冷蔵庫に入っています。また、ごまだれと混ぜ合わせて使うこともあります。

材料と作り方

柚子、だいだい、すだちなど柑橘類の果汁と、しょうゆ各1カップを合わせ、かつおだし適量で割ります。

＊柑橘の味が薄いときには米酢を少し加えると酸味が立ちます。

めんつゆ 2

ポン酢しょうゆに飽きたとき、めんつゆをつけて食べたところ新鮮な味がして驚いたものです。シメのお餅やうどん、ご飯のときの味つけにも重宝し、すき焼きのたれとして使うこともあります。

材料と作り方

鍋にみりん1カップを入れて火にかけ、アルコール分をとばしたら、火を止めてしょうゆ1カップとざらめ糖大さじ1～2を加えてひと晩おき、濃いめのだし3カップと合わせます。

ごまだれ 3

ごまだれは市販のものか、または練りごまにポン酢しょうゆを加えてのばして作ります。さっぱりとしたしゃぶしゃぶには、ごまのこってりした味わいがよく合います。ラー油などの辛みを加えても合います。

ごま油＋塩 4

ごま油は香りがよく、少したらすだけでコクが出て食欲が増します。全体にさっぱりしすぎたかなというときにはごま油の出番です。たれに飽きたら塩をパラパラっとふるのもおいしい。

魚介を楽しむ鍋

海辺の町に引っ越しをして新鮮な魚が手に入るようになり、
地元の魚屋さんに通ったり、漁師さんと話をしたりするうちに、
魚を丸ごと贅沢に味わうことを教えてもらいました。
身を切り、たたいてすり身に、
ひと手間かけて揚げて、と魚にひと工夫。
そして頭も尻尾も中骨にもおいしさが詰まっているから、
捨てることなく、鍋いっぱいに魚のうまみを詰め込みます。

鮭の粕汁風鍋

酒粕が入った鍋は、ほどよく甘みがあって身体がぽかぽかと温まります。
酒粕が少し苦手なら、大根やじゃがいもなどの野菜を多めに入れると水分が出てやさしい味に。
三つ葉や柚子もアクセントになり、味のポイントにもなります。

材料（2～3人分）
甘塩鮭切り身　2切れ
糸こんにゃく　1袋
大根　10cm
にんじん　1/2本
じゃがいも　2個
しょうがのみじん切り　1片分
三つ葉　適量
柚子の皮のせん切り　適量
● スープ
昆布だし（P.6参照）　4～6カップ
酒粕　200g
酒　大さじ1
味噌　約大さじ2
しょうゆ　適量

作り方

下ごしらえ
1 鮭はひと口大に切り、熱湯をかける。糸こんにゃくは湯通しする。大根はいちょう切り、にんじんは半月切り、じゃがいもはひと口大に切る。三つ葉は細かく刻む。
2 酒粕に酒をふり、ラップをして電子レンジでやわらかくなるまで加熱する。

煮る
3 鍋に昆布だし、大根、にんじん、じゃがいもを入れ、やわらかくなるまで煮る。
4 3に鮭、糸こんにゃく、しょうがを加え、2も加えて溶く。味噌は煮汁少量を加えて溶き、煮汁に戻す。しょうゆで味をととのえ、中火で5分ほど煮る。仕上げに三つ葉と柚子の皮を散らす。

★ シメのごはん

餅の煮込み　餅を加えて弱火でコトコト煮て、餅がやわらかくなったらでき上がり。

さばの船場汁風鍋

さばの船場汁を鍋にアレンジ。
さばの身は薄切りをしゃぶしゃぶしながら、ミンチはだんごにして煮ると、
それぞれのおいしさをひとつの鍋に入れました。

材料(3〜4人分)
さば(三枚おろし)　1枚
さばだんご
A ┃ さば(三枚おろし)　1枚
　┃ 長ねぎのみじん切り　10cm分
　┃ しょうがのすりおろし　1片分
　┃ 片栗粉　大さじ1
　┃ 味噌　大さじ1
大根　10cm
にんじん　½本
生しいたけ　4枚
三つ葉　½束
しょうがの薄切り　4〜6枚
● スープ
昆布だし(P.6参照)　8〜10カップ
塩　小さじ1
しょうゆ　大さじ1

作り方

下ごしらえ

1 さばは薄くそぎ切りにする。
2 さばだんご用のさばは、小骨と皮を除き、適当な大きさに切ってから粗くたたき、残りのAを加えてさらになめらかになるまでたたく。
3 大根、にんじんは細切り、しいたけは石づきを除き、4等分に切る。三つ葉は4〜5cm長さに切る。

煮る

4 鍋に昆布だしを温め、三つ葉以外の3としょうがを入れ、やわらかくなるまで煮る。さばだんごをスプーンで丸めながら落とし入れ(写真)、だんごに火が通り、浮き上がってきたらさばの薄切りも加え、塩、しょうゆで味をととのえ、三つ葉を散らす。

さばだんごは、スプーンで丸く形を作って、煮汁に加えます。

揚げ魚と揚げ餅のみぞれ鍋

具材を揚げることで、こっくりとしたうまみが生まれます。
魚も餅も揚げているのに、大根おろしをたっぷりと入れることで、
油を包み込んでくれて、意外にさっぱりといただけます。

材料（3〜4人分）
白身魚の切り身
　（たら、すずき、鯛、目鯛、ムツなど）　4切れ
切り餅　4個
大根おろし　1/2本分
塩　小さじ1
片栗粉、揚げ油　各適量
三つ葉　適宜
● スープ
昆布だし（P.6参照）　8〜10カップ
塩　適量

作り方
下ごしらえ

1 白身魚はひと口大に切り、塩をふって10分ほどおく。ペーパータオルで水気をとり、軽く片栗粉をまぶす。切り餅は3等分に切る。大根おろしはざるにあげて軽く汁気をきる。
2 揚げ油を180℃に熱し、切り餅を色よく膨れるまで揚げる。温度を170℃に下げ、白身魚をカラリと揚げ、ともに油をよくきる。

煮る

3 鍋に昆布だしを温め、塩小さじ1/2で薄く味をつけ、2と大根おろしを入れ、好みで三つ葉を散らす。味をみて、足らないようなら塩少々でととのえる。

いわしのつみれ鍋

スープを含んだいわしだんごのやわらかさを一度味わうとやみつきになります。
だんごをやわらかく仕上げるコツは、いわしをなめらかになるまで包丁でたたくこと。
汁の味つけに味噌を使うのもおすすめです。

材料（2〜3人分）
いわしだんご
A ｜ いわし　3〜4尾
　 ｜ しょうがのすりおろし　1片分
　 ｜ 万能ねぎの小口切り　2〜3本分
　 ｜ 味噌　大さじ1
　 ｜ しょうゆ　小さじ1
　 ｜ 片栗粉　大さじ1
万能ねぎ　½束
みょうが　2個
ごぼう　10cm
● スープ
昆布だし(P.6参照)　4〜5カップ
塩　小さじ1
薄口しょうゆ　小さじ1

作り方

下ごしらえ

1　いわしだんごを作る。いわしは三枚におろして皮を除き、適当な大きさに切ってから粗くたたく。残りのAを加え、さらになめらかになるまでたたく（写真）。
2　万能ねぎは5cm長さに切り、みょうがは薄切りにする。ごぼうは斜め薄切りにしてからせん切りにし、水に5分ほどさらす。

煮る

3　鍋に昆布だしを温め、1をスプーンで丸めながら落とし入れ、火が通り浮き上がってきたら、塩、薄口しょうゆで薄めに味をととのえる。
4　ごぼうを加えて煮る。最後に万能ねぎ、みょうがを加え、さっと煮て火が通ったらでき上がり。

なめらかになるまで包丁でたたくと、口当たりがふわふわに。

ねぎま鍋

まぐろの刺身を少し厚めに切ってさっとだしにくぐらせると、
新しいまぐろの味に出合えます。
まぐろを口に入れたとたん、おいしいだしがジュワッとしみ出し、たまらない味わい。

材料(2〜3人分)
まぐろのさく　赤身・中トロ合わせて200ｇ
三つ葉　1束
長ねぎ　2本
● **スープ**
昆布だし、かつおだし(P.6参照)　各1½カップ
塩　小さじ½
しょうゆ　小さじ2

作り方
下ごしらえ
1 まぐろは、1cm厚さに切る。三つ葉は5cm長さに切る。長ねぎは5cm長さに切り、焼き網かグリルパンで表面を焼いておく。

煮る
2 鍋に昆布、かつおだしを入れて温め、塩、しょうゆで味をととのえ、長ねぎを加えて煮る。まぐろと三つ葉はさっと煮ながら食べる。

まぐろの色が変わったら食べごろ。まぐろのだしがしっかりと出たスープは絶品。

うなぎ鍋

京都へひとりで行くと必ず寄るお鍋屋さんがあります。
うちに帰って家族にも同じ味をと思い、作ってみました。
庄内麩は山形県庄内地方の名産で薄い板状のもの。この鍋によく合います。

材料（2〜3人分）
うなぎの蒲焼き（または白焼き）　1串
　（雑炊を作る場合は倍量にする）
九条ねぎ　2本
春雨（乾燥）　10g
庄内麩（あれば）　1枚
粉山椒　適宜
● スープ
昆布だし（P.6参照）　3〜4カップ
塩　約小さじ1/2

作り方
下ごしらえ
1　うなぎの蒲焼きは4cm幅に切る（雑炊を作る場合は半分とっておく）。九条ねぎは5cm長さに切る。春雨は水かぬるま湯でもどし、食べやすい長さに切る。庄内麩は絞ったぬれぶきんで包んでおき、少しやわらかくなったら1cm幅に切る。

煮る
2　鍋に昆布だしを温め、1を入れて、全体に火が通るまで煮る。塩で味をととのえ、好みで粉山椒をふる。

★ シメのごはん

うなぎ雑炊　食べ終わったら、残ったスープに、ごぼう、にんじんのせん切り、もどした干ししいたけの薄切りを入れて煮ます。野菜が煮えたら、蒲焼き、ご飯を加えてひと煮立ちさせ、塩、しょうゆで味をととのえ、卵でとじて、切った三つ葉を散らします。

ブイヤベース風鍋

材料に決まりはないのですが、貝を一種類、
少量でもいいので入れると塩気とうまみが出て味が濃くなります。
サフランは必須ではありませんが、黄色い色と香りが加わるとぐっとフランス風になります。

材料(4〜5人分)
伊勢えび　2尾
いとより　小ぶり1尾
金目鯛　小ぶり1尾
はまぐり　8個
玉ねぎ　½個
にんにく　1片
パセリ　適宜
● **スープ**
白ワイン　¼カップ
水　4〜6カップ
オリーブ油　大さじ2
サフラン(あれば)　ひとつまみ
塩　適量

作り方

下ごしらえ

1 伊勢えびは縦半分に切り、いとより、金目鯛はうろこと内臓を取り除いて3〜4等分に切る。はまぐりは殻をこすり合わせ、よく洗う。
2 玉ねぎ、にんにくはみじん切りにする。

煮る

3 鍋にオリーブ油と2を入れて火にかけ、香りが立ち、玉ねぎをすき通るまで炒め、白ワインを加えて半量になるまで煮詰める。
4 1をすべて加え、ひたひたよりやや少なめの水を注ぎ、ふたをして弱めの中火で10分ほど煮る。仕上げにサフランを加え、香りが出たら、味をみて塩で味をととのえる。

器に盛り、好みでパセリのみじん切りを散らし、フレッシュな香りを加えても。

牡蠣鍋

こってりと甘い白味噌と、最初はピリッと刺激があり、あとからじわじわっと身体を温めてくれるしょうが。このふたつは牡蠣鍋に欠かせません。牡蠣は生食用で。

材料(2～3人分)
牡蠣(生食用)　8～10個
長ねぎ　1本
春菊　½束
焼き豆腐　1丁
◉スープ
昆布だし(P.6参照)　4～5カップ
酒、白味噌　各大さじ3
しょうがのすりおろし　2片分
薄口しょうゆ　適量

作り方
下ごしらえ
1 牡蠣はひとつひとつていねいに流水で洗い、ペーパータオルの上にのせて水気をきる。
2 長ねぎは斜め薄切り、春菊は葉を摘む(茎の部分は他の料理に使う)。焼き豆腐はひと口大に切る。

煮る
3 鍋に昆布だしを温め、酒としょうがを入れてひと煮立ちさせてから、白味噌、薄口しょうゆで味をととのえる。牡蠣、焼き豆腐、野菜の順に入れてさっと煮る。

あさり鍋

あさりは身を食べるというよりは、だしをおいしくするための主役です。
あさりから塩味が出るので、
必ず味見をしてから塩を加えてくださいね。

材料（2〜3人分）
あさり（砂抜き済み）　400g
豆もやし　1袋
小松菜　2株
ポン酢しょうゆ　適宜
● スープ
昆布だし(P.6参照)　3カップ
塩　適量

作り方

下ごしらえ

1　あさりは殻をこすり合わせ、よく洗う。豆もやしはできるだけひげ根をとり、小松菜は5cm長さに切る。

煮る

2　鍋にあさりと昆布だしを入れて温め、あさりが開いてきたら、もやし、小松菜を加えてさっと煮て、味をみて塩でととのえる。好みでポン酢しょうゆをつけて食べる。

●鍋に添えたい副菜 和風

玉ねぎの卵黄のせ

材料(2～3人分)と作り方
玉ねぎと紫玉ねぎは、¼個ずつ薄切りにし、塩をひとつまみ入れた氷水に10分ほどつけて、辛みを抜きます。水気をよくきり、器に盛りつけ、ポンッと卵黄1個をのせて、しょうゆやポン酢しょうゆなど、好みのものをかけて食べます。

たたききゅうり

材料(2〜3人分) と作り方
きゅうり2本は、塩小さじ½をふって板ずりし、ポリ袋に入れ、冷蔵庫で15分ほど冷やします。袋から出し、めん棒などで軽くたたいてひと口大に割り、白すりごま、ごま油各小さじ2を合わせてあえます。

塩もみキャベツ

材料(2〜3人分) と作り方
キャベツの葉4枚は、かたい芯を除いてひと口大にちぎり、芯は包丁で薄切りにします。しょうが1片はせん切りにして、キャベツ、塩小さじ½強、酢小さじ1と合わせて軽くもみ、10分ほどおきます。しんなりとしたら汁気を絞ります。

焼き油揚げの じゃこねぎのせ

材料(2〜3人分) と作り方
長ねぎ6cmは薄く小口切りにし、水にさらしておきます。油揚げ1枚はフライパンや焼き網で両面をこんがりと焼き、ひと口大に切り、器に盛りつけます。ちりめんじゃこ大さじ1、水気をきった長ねぎをのせて、好みでしょうゆをかけて混ぜて食べます。

豆苗のおかか炒め

材料(2〜3人分) と作り方
豆苗1パックは根元を切り落とします。フライパンに入れ、ごま油小さじ2、塩ひとつまみを合わせてさっと炒めます。しんなりしたら、かつお節1パック（3g）を加えて火を止めます。

③ 肉を楽しむ鍋

肉が主役の鍋は、
汁にしっかりと味をつけることが多いです。
たれにつけるとすべてがたれの味に左右されてしまうから、
味つけのバリエーションで肉をガツンといただきます。
そして肉の鍋といっても野菜は欠かせません。
野菜のうまみがなければ、肉はおいしくなりませんから、
野菜もたっぷりと入れて作ります。

鶏とキャベツの水炊き風

骨つき鶏を使い、たっぷりと時間をかけてスープを作ります。
手間と時間はかかりますが、煮込んでいくうちに白くにごり、とろりとしたスープになっていきます。
時間をかけて煮出した濃厚なスープは絶品です。

材料(2〜3人分)
鶏もも肉　大1枚
キャベツ　1/2個
ポン酢しょうゆ、柚子こしょう、塩　各適宜
● スープ
鶏手羽元　8本

作り方

下ごしらえ

1 スープを作る。鶏手羽元は肉たたきやかなづちでたたいて骨を砕く（骨が割れていると、よりうまみが溶けたスープになる）。深めの鍋に手羽元とたっぷりの水（約15カップ）を入れ、スープが白濁するまで強めの中火で2〜3時間煮る。途中で水が少なくなったら足し、あくをとりながら煮る。

2 キャベツは大きめに手でちぎり、鶏もも肉はひと口大に切る。

煮る

3 鍋に1のスープ適量を温め、2を加えて煮る。火が通ったら器にとり、好みでポン酢しょうゆ、柚子こしょう、塩をつけて食べる。

★ シメのごはん

ラーメン　たっぷり時間をかけて煮出した鶏スープには、ラーメンが合います。スープに塩を加えて味をととのえ、シンプルに万能ねぎを散らして。

軟骨入り鶏だんご鍋

軟骨が入った鶏だんごはコリコリとした食感で、食べごたえがあります。
生の軟骨がないときは焼き鳥屋さんで焼いてあるものや、市販の総菜の軟骨揚げでも。
細かく切ってひき肉に混ぜ合わせて作ってみてください。

材料（2〜3人分）

鶏だんご
- 鶏軟骨　25g
- 鶏ひき肉　200g
- 長ねぎのみじん切り　10cm分
- 万能ねぎの小口切り　2本分
- しょうがのすりおろし　½片分
- とき卵　¼個分
- 塩　小さじ½
- しょうゆ　小さじ1
- 酒　大さじ½
- 片栗粉　小さじ1

白菜　⅛個
にら　½束
水菜　2株
白すりごま　大さじ½

● スープ
- 鶏だし（P.6参照）　4〜5カップ
- 味噌　大さじ2
- しょうゆ　小さじ1

作り方

下ごしらえ

1　鶏だんごを作る。鶏軟骨は粗みじん切りにする。ボウルに鶏だんごの材料をすべて合わせて、粘りが出るまでよく混ぜる。
2　白菜はざく切り、にらと水菜は5cm長さに切る。

煮る

3　鍋に鶏だしを温め、白菜を入れ、1をスプーンでひと口大に丸めながら落とし入れ、強めの中火で煮る。全体に火が通ったら、火を弱めて味噌を煮汁で溶いて加え、しょうゆで味をととのえる。仕上げににらと水菜を入れ、ひと煮立ちしたら白すりごまをふる。

味噌味にごまがよく合います。ごまは、できれば白いりごまをすって加えると香りが立ちます。

鶏すき焼き

鶏すきのときには少しだけもつを用意。これは神田のお店で覚えた味です。
割り下はまず半量を入れ、野菜から水分が出るので味をみながら足してください。
最後は卵でとじて親子煮にして、ご飯にかけていただきます。

材料（2〜3人分）
鶏もも肉　大1枚
鶏のハツ、レバー（好みで）　各少量
鶏皮（あれば）　約1/2枚
生しいたけ　4枚
長ねぎ　1本
一味唐辛子、粉山椒　各適宜
卵　適宜
○ **割り下**（作りやすい分量。約1/2カップ使用）
酒　1カップ
しょうゆ　1/2カップ
砂糖（あればざらめ）　大さじ3

作り方

下ごしらえ

1　鶏もも肉はひと口大に切る。ハツは脂肪を除いて小さめのひと口大に切り、レバーは冷水に10分ほどつけて血抜きをしてから、脂肪や汚れをとってひと口大に切る。
2　しいたけは石づきを除いて4等分に、長ねぎは5cm長さに切り、縦半分にする。
3　鍋に割り下の酒を入れて火にかけ、煮立ててアルコール分をとばし、しょうゆ、砂糖を加えて火を止める。

煮る

4　鍋を火にかけて温め、鶏皮を焼いて脂を出す（少量のサラダ油で代用してもよい）。
5　1、2を鍋全体に並べ、割り下の半量を回しかけて火にかけ、味をみながら足していく。肉に火が通ったらでき上がり。好みで、一味唐辛子や粉山椒をふり、といた卵につけて食べる。

★ シメのごはん

親子丼　具を少しだけ残しておき、といた卵を回しかけて、ふたをします。卵が半熟状に火が通ったらでき上がり。あつあつのご飯にのせて、いただきます。

白菜と豚の蒸し鍋

あっさりにもこっくりにも仕上げられるので、我が家ではその日の気分で変えています。
このレシピはあっさり味。こっくりの日は、ひきたての黒こしょう、
しょうゆまたはナンプラーで味つけし、ごま油をたっぷりかけます。

材料(3〜4人分)
白菜　½個
豚バラ肉(薄切り)　150g
豚肩ロース肉(薄切り)　150g
干ししいたけ　6枚
塩　小さじ1
酒　½カップ
ポン酢しょうゆ　適量
かんずり(P.126参照)、
　　しょうがのせん切り　各適宜

作り方
下ごしらえ
1 干ししいたけは水2カップ(分量外)に浸してやわらかくもどし、軸を落として薄切りにする。もどし汁はとっておく。白菜は鍋の深さに合わせて輪切りにする。
2 豚肉は長さを半分に切る。

煮る
3 鍋に白菜をすきまのないようぎっしりと詰め、白菜の間に豚肉をはさむ(写真)。
4 上にしいたけを散らし、塩をふり、しいたけのもどし汁、酒を加え、ふたをして中火で蒸し煮にする。全体に火が通りクタッとしたらでき上がり。ポン酢しょうゆにつけて食べる。好みでかんずりやしょうがのせん切りを合わせる。

すきまのないように間に豚肉をしっかり詰めて、牡丹の花のように形づくります。

豚すきプルコギ風

炒め始めの野菜のシャキシャキもおいしいし、
火がしっかりと入ったしんなりとした野菜もまたうまい。
最後は卵でとじて丼にしてもいいですね。

材料(2～3人分)
豚バラ肉または肩ロース肉(薄切り)　200g
豆もやし　1袋
にんじん　1/3本
にら　1/4束
玉ねぎ　1/2個
春雨(乾燥)　80g
ごま油　適量
A ┃ しょうゆ　大さじ2～2 1/2
　 ┃ 酒　大さじ2
　 ┃ はちみつ　大さじ1
　 ┃ 砂糖　大さじ1
　 ┃ にんにく、しょうがのすりおろし　各1片分
水または昆布だし(P.6参照)　卵　各適宜

作り方

下ごしらえ

1 豚肉は長さを2～3等分に切り、Aを合わせてよくもみ込み、しばらくおく。
2 もやしはできるだけひげ根をとる。にんじんは長めの細切り、にらは6～7cm長さに切り、玉ねぎは縦1cm幅に切って、ほぐす。春雨は水かぬるま湯でもどし、食べやすい長さに切る。

煮る

3 鍋を熱してごま油をなじませ、1を軽く炒めて2の野菜を上にのせ(写真)、野菜でふたをして蒸し焼きにする。野菜から水分が出てきたら、春雨を加えて混ぜ合わせる。全体に火が通り、味がからんだらでき上がり。野菜の水分が少ない場合は、水または昆布だしを足して調整する。好みでといた卵につけて食べる。

豚肉にほぼ火が通ったら野菜をかぶせるようにのせ、蒸し焼きにします。

黒ごま担々マーボー鍋

担々麺とマーボー豆腐を組み合わせた中華風鍋。
ごまの香りを楽しむために、風味の強い黒ごまで作りました。
シメのごはんやラーメンにするときは、水溶き片栗粉でとろみをつけます。

材料(2～3人分)
豚肩ロース肉(薄切り)　150g
にら　1/2束
チンゲン菜　4株
木綿豆腐　1丁
黒いりごま　大さじ1
ごま油　大さじ1
● スープ
鶏だし(P.6参照)　4～5カップ
豚ひき肉　80g
しょうが、にんにくのみじん切り　各1片分
豆板醤　小さじ1
黒練りごま　大さじ2
A｜しょうゆ、オイスターソース　各大さじ1
　｜ナンプラー　少量
サラダ油　大さじ1

作り方

下ごしらえ

1 豚肉は食べやすい大きさに切る。にら、チンゲン菜は4～5cm長さに切る。豆腐はひと口大に切る。

煮る

2 鍋を熱しサラダ油をなじませ、しょうが、にんにくを香りが立つまで炒め、豆板醤、豚ひき肉の順に加えてひき肉がポロポロになるまで炒める。鶏だしを加え、煮立ったら黒練りごまを煮汁で溶いて入れ、Aで味をととのえる。
3 2に1を加えて煮て、黒いりごまをふり、ごま油を回しかける。

★シメのごはん

マーボー丼　水溶き片栗粉でとろみをつけ、そのままご飯にのせれば、マーボー丼に。ゆでたラーメンを入れて食べてもおいしい。

ぎょうざ鍋

我が家ではぎょうざの日には、たくさん作って冷凍しています。
そうすると、こんな鍋もあっという間にでき上がり。
ぎょうざの味によって、しょうゆやナンプラー、味噌で味を足してください。

材料(2～3人分)
ぎょうざ　12個
白菜　1/8個
わけぎ(または九条ねぎ)
　　2～3本
しょうが　1片
ラー油　適量
● スープ
鶏だし(P.6参照)　4～5カップ
塩　少量

作り方
下ごしらえ
1　白菜はざく切りにし、軸と葉に分ける。わけぎは5cm長さに切る。しょうがはせん切りにする。

煮る
2　鍋に鶏だしを入れて温め、塩を加え、白菜の軸を煮る。やわらかくなってきたらぎょうざ(冷凍なら凍ったまま)、白菜の葉、わけぎを加えて弱めの中火で煮る。ぎょうざに火が通ったら、しょうがとラー油を合わせて食べる。

ロメインレタスと豚のおろし鍋

豚肉はしゃぶしゃぶ用の薄切りではなく、
ふつうの薄切りか、またはしょうが焼き用くらいの厚さの
食べごたえがあるものが合います。

材料(2〜3人分)
豚バラ肉(薄切り)　200g
ロメインレタス　¼個
大根(またはかぶ)　½本
レモンなどの柑橘類　適宜
● スープ
鶏だし(P.6参照)　2〜3カップ
煮干しだし(P.6参照)
　　1〜2カップ
塩　小さじ½
オイスターソース　大さじ1

作り方
下ごしらえ
1　豚肉は長さを3等分に切る。ロメインレタスは葉を1枚ずつはがす。大根は皮ごとおろし、ざるにあけて軽く汁気をきる。

煮る
2　鍋に2種のだしを合わせて温め、塩、オイスターソースで味をととのえる。豚肉、ロメインレタスを入れ、肉に火が通ったら大根おろしをのせてでき上がり。好みでレモンを搾って食べる。

もつ鍋

これでもかというほど、山盛りのキャベツが食べられます。
もつよりもキャベツが主役かもしれません。
もつのこってりとした食感に甘みのあるキャベツがよく合います。
めんつゆのほかに、だしと塩の味つけもおすすめです。

材料(2〜3人分)
豚もつ(下処理したもの)　200g
キャベツ　½個
玉ねぎ　¼個
にんにく　1片
にら　½束
赤唐辛子　1〜2本
● スープ
めんつゆ(P.28参照)　¼〜½カップ
鶏だし(P.6参照)　適宜

作り方

下ごしらえ

1　もつはひと口大に切り、熱湯でさっとゆでる。
2　キャベツは手で大きめにちぎり、玉ねぎ、にんにくは薄切り、にらは5cm長さに切る。赤唐辛子は小口切りにする。

煮る

3　鍋に1を入れ、上にキャベツ、玉ねぎ、にんにく、にら、赤唐辛子の順にのせ、めんつゆを回しかけ、弱めの中火にかけ、水分が出てしんなりするまで煮る。水分が足りなければ、鶏だしを加えて調整し、全体を軽く混ぜて食べる。

材料をすべて順々に入れます。
山盛りの材料も、しんなりして
鍋の中におさまります。

鴨だんご鍋

鴨肉をたたいて、だんごを作るまでに少し手間がかかりますが、
このだんごの味を知ったら頑張るしかありません。
鴨だんごは時間のあるときに揚げるところまで作って、冷凍しておいてもいいですよ。

材料（2～3人分）
鴨だんご
　合鴨胸肉　200g
　片栗粉　大さじ½
　塩　小さじ½
　しょうがのすりおろし　½片分
　黒こしょう（粗くひいたもの）　小さじ½
　揚げ油　適量
長ねぎ　2本
クレソン　1～2束
● **スープ**
昆布だし（P.6参照）　3～4カップ
塩、薄口しょうゆ　各適宜

作り方

下ごしらえ

1 鴨だんごを作る。鴨肉は小さく切ってから包丁でたたいてミンチにする。片栗粉、塩、しょうが、黒こしょうを加え、よく練り合わせる。
2 揚げ油を170℃に熱し、1をスプーンでひと口大に丸めながら落とし入れ、色よく揚げる。
3 長ねぎは5cm長さに切り、魚焼きグリルやグリルパンなどでこんがりと焼く。クレソンは葉と茎に分ける。

煮る

4 鍋に昆布だしを温め、塩や薄口しょうゆで軽く味をつける。2と長ねぎ、クレソンの茎を入れ、ひと煮立ちしたら、クレソンの葉を加えながら食べる。

★ シメのごはん

雑炊　鴨肉のうまみが出たスープは絶品。具材をすべて食べ終えたあとは、洗ってぬめりをとったご飯を入れて、ひと煮し、黒こしょうをふります。

きりたんぽ鍋

きりたんぽを友人から簡単に作れる方法を教わり、アレコレ作るうちに、
我が家のきりたんぽはひと口大の俵おむすびの形になりました。
水溶き片栗粉でコーティングすることで、すぐに煮くずれしない、香ばしいきりたんぽに。

材料(3〜4人分)
きりたんぽ
| 米 2合(360ml)
| 水溶き片栗粉 適量
鶏もも肉 2枚
ごぼう 1本
舞茸 2パック
せり 2束
● **スープ**
鶏だし(P.6参照) 8〜10カップ
塩 約小さじ1
しょうゆ 約小さじ1

作り方

下ごしらえ

1 きりたんぽを作る。米は洗って30分ほどおく。少しやわらかめに炊き上がるように水加減して炊く。
2 ご飯が温かいうちにすりこ木などで軽くついてつぶし、水溶き片栗粉を手につけながら、ひと口大の俵形にまとめる。焼き網や魚焼きグリルに並べ、軽く焼き色がつくまで焼く（写真）。
3 鶏肉はひと口大に切り、ごぼうはささがきにし、舞茸は粗くほぐす。せりは5cm長さに切る。

煮る

4 鍋に鶏だしを温め、塩、しょうゆで味をととのえ、鶏肉を煮る。火が通ったらごぼう、舞茸、きりたんぽの順に加えながら煮て、最後にせりを入れて食べる。

焼き網や、魚焼きグリルに並べ、全面に軽く焼き目がつくまで焼き上げます。

ちゃんこ鍋

冷蔵庫の中の残り野菜を放り込んで作るのがこのちゃんこ。
味噌味、しょうゆ味、エスニック風と味やだしをかえて楽しみます。
今回は塩味で作りました。仕上げにバターやオリーブ油、ごま油などを入れると、コクが出ます。

材料(4〜5人分)
鶏だんご
　鶏ひき肉　250g
　長いも　3〜4cm
　長ねぎ　約10cm
　塩　小さじ1/2
　しょうゆ　小さじ1
　砂糖　小さじ2
　酒、片栗粉　各大さじ1
豚バラ肉(薄切り)　160g
木綿豆腐　1丁
にんじん　1/2本
ほうれん草　4株
キャベツ　1/4個
きのこ(好みを合わせ)　300g
しょうがのせん切り　1片分
にんにくのすりおろし　2片分
バター　大さじ1
● スープ
煮干しだし、鶏だし(P.6参照)　各2〜3カップ
塩　約小さじ1

作り方

下ごしらえ

1 鶏だんごを作る。長いもは皮ごとすりおろし、長ねぎはみじん切りにする。ボウルに鶏だんごの材料を合わせ、粘りが出るまでよく混ぜる。
2 豚肉、豆腐、野菜、きのこは食べやすく切る。

煮る

3 鍋に2種のだしを合わせて温め、塩で味をつける。1をスプーンでひと口大に丸めながら落とし入れ、ほうれん草以外の野菜ときのこ、豚肉、豆腐の順に入れて煮る。煮えてきたら、ほうれん草としょうが、にんにくを入れ、バターを落とす。

牛すき焼き

ずっとすき焼きというものは、汁気のあるものと思っていましたが、
大人になってすき焼き屋さんで食べた鍋は、だしが一切入りませんでした。
汁気は野菜から出るものだけで、甘辛い味つけを存分に楽しみます。

材料（2〜3人分）
牛肉(切り落とし)　200g
ごぼう　½本
小松菜　½束
長ねぎ　1本
玉ねぎ　½個
白菜　⅛個
車麩(小)　適量
牛脂　1個
卵　適宜
昆布だし(P.6参照)　適宜
● **割り下**（作りやすい分量）
酒　1カップ
しょうゆ　½カップ
砂糖(あればざらめ)　大さじ3

作り方

下ごしらえ

1　ごぼうはささがきにし、5分ほど水にさらす。小松菜は5cm長さに、長ねぎは1cm幅に斜めに切る。玉ねぎは1cm幅のくし形に切り、ほぐす。白菜は軸と葉に分け、軸はそぎ切りにし、葉はざく切りにする。車麩は水でもどし、軽く絞る。

2　鍋に割り下の酒を入れて火にかけ、煮立ててアルコール分をとばし、しょうゆ、砂糖を加えて火を止める。

煮る

3　鍋を熱して牛脂を溶かし、牛肉を2〜3枚入れて焼き、野菜、車麩を入れ、割り下適量を回しかける。ふつふつと煮えたら、残りの肉を入れる。火が通ったら好みでとき卵につけて食べる。野菜の汁気が少なく、味つけが濃く感じる場合は昆布だしで割って調整する。

★ **シメのごはん**

うどん　甘みとコクのある割り下は、うどんとの相性がばっちり。別鍋でゆでた太めのうどんを入れて煮からめて食べます。

◉鍋に添えたい副菜 洋風

にんじんのラペ

材料(2～3人分) と作り方
にんじん1本は、せん切りにし、塩小さじ½を混ぜて15分おきます。しんなりとしたら、絞らずに、粗みじん切りにしたドライプルーン2個分、白ワインビネガー小さじ1、オリーブ油大さじ1½を合わせて混ぜ、味がなじむまで冷蔵庫におきます。

アボカドとモッツァレッラのサラダ

材料(2〜3人分) と作り方
アボカド1個は皮と種を除いてひと口大に切り、レモン汁少々をかけ、モッツァレッラチーズ1個をひと口大に切ったものと合わせて盛り合わせます。塩、粗びき黒こしょう各少々をふり、オリーブ油を回しかけます。

長芋の生ハム巻き

材料(2〜3人分) と作り方
長芋4cmは皮をむき、棒状に切り、2〜3本ずつを生ハム適量で巻きます。好みでレモンなどの柑橘類を搾っても美味。

ポテトフライ

材料(2〜3人分) と作り方

じゃがいもの量はお好みで。小さめを皮ごとゆで、串がすっと通るくらいまでやわらかくなったら、皮をむいて1cm幅の輪切りにします。170℃の揚げ油に入れ、こんがりと香ばしく揚げます。油をきり、塩をふって食べます。

れんこん、長ねぎのレモンオイル蒸し

材料(2〜3人分) と作り方

れんこん80gは皮をむき、7〜8mm厚さの半月切りにし、水に5分ほどさらします。長ねぎ1本は4cm長さに切り、水気をきったれんこんとともに耐熱皿に入れます。塩ひとつまみをふり、レモンのスライス2〜3枚をのせ、オリーブ油を回しかけます。ラップをして、長ねぎがしんなりするまで電子レンジに6分ほどかけます。

④ 野菜たっぷり鍋

だしがおいしければ、野菜だけの鍋も悪くない。
肉や魚は味だしくらいの量が入れば十分。
どっさりと野菜を鍋に入れ、火にかけると
味だしのいいうまみを含んで野菜がさらにおいしくなります。
野菜はシャキシャキと歯ごたえがあるうちに食べる。
くたくたになったやわらかな口当たりも捨てがたい。
これも鍋ならではの食べ方で、
好みの火の通し加減で引き上げて食べればいいのです。

香り野菜鍋

香菜のブームからか、手軽に手に入るようになった香りの強い野菜を集めて鍋にしました。
肉も香りの野菜と合う牛タンやラム肉を使います。
レモンの酸味と香りが、香り野菜を引き立ててくれます。

材料(2〜3人分)
香菜　3パック
ルッコラ　1袋
貝割れ菜　1パック
クレソン　3束
牛タン(薄切り)　100g
レモンのくし形切り　2〜3個
青唐辛子の小口切り　適宜
● スープ
鶏だし(P.6参照)　2½カップ
A ｜ 塩　小さじ½
　 ｜ しょうゆ　小さじ1½

作り方

下ごしらえ

1 香菜、ルッコラは根元を切り落とし、長さを半分に切って葉と茎に分ける。貝割れ菜は根元を切り落とす。クレソンは茎と葉に分ける。

煮る

2 鍋に鶏だし、Aを入れ、香菜、ルッコラ、クレソンの茎を加えて煮る。残りの葉と貝割れ菜、牛タン、レモンは器に盛って添える。

3 茎が柔らかくなったら葉と牛タンを加えてさっと煮て、牛タンで野菜をはさんで食べる。好みでレモンを搾ったり、青唐辛子を合わせる。

白菜とベーコンのミルク鍋

寒い時季の休日の朝、母が必ず作ってくれた鍋。
大きな鍋にグツグツと白菜とベーコンが煮えていて、
起きてきた順に各自で器に盛りつけて食べたのを覚えています。

材料(2〜3人分)
白菜　⅛個
スライスベーコン　4枚
● **スープ**
牛乳　3カップ
塩　少量

作り方
下ごしらえ
1 白菜は葉と軸に分け、葉はざく切りに、軸は縦2cm幅に切る。

煮る
2 鍋に白菜の軸と水1カップ(分量外)を入れて煮る。白菜の軸がくたくたになったら、牛乳、白菜の葉、ベーコンは長いまま入れ、弱火で煮込む。全体にしんなりとしたら味をみて塩でととのえる。ベーコンから味が出るので、味つけは最後に。残った汁でうどんや餅を煮てもよい。

豆腐と水菜の豆乳鍋

豆乳とだしは好相性。
だしの種類は、かつおだし以外でもどれもおすすめです。
豆乳が煮詰まりやすいので、火加減に注意します。

材料（2〜3人分）
木綿または絹ごし豆腐　1丁
水菜　2株
長ねぎ　1本
スライスベーコン　4枚
 スープ
　豆乳　2カップ
　かつおだし(P.6参照)　2〜3カップ
　塩　適量

作り方
下ごしらえ

1　水菜は5cm長さに切り、長ねぎは斜め薄切りにする。ベーコンは4〜5cm幅に切る。

煮る

2　鍋にかつおだし1カップと豆乳を入れ、軽く煮立つ程度に温め、塩で薄く味をつける。1を少しずつ加え、豆腐は食べやすい大きさにすくって加え、煮ながら食べる。途中、煮詰まってきたら、かつおだしを加えて調整する。

きのこ鍋

両親が住む長野では秋になると天然のきのこがとれるので、
よく送ってもらっています。それをグツグツと煮た鍋は季節のごちそう。
天然のきのこを少し入れるだけで、香りや味わいがぐっと変わります。

材料(2〜3人分)
エリンギ、生しいたけ、しめじ、えのきたけ、舞茸、
　あれば天然きのこ(じごぼうたけ、くりたけなど)
　合わせて約400g
大根　3cm
厚揚げ　1枚
豚バラ肉(薄切り)　100g
● スープ
昆布だし(P.6参照)　4〜5カップ
塩　小さじ½
味噌　大さじ1〜2

作り方

下ごしらえ
1 きのこは食べやすい大きさに切る。
2 大根はいちょう切りにし、厚揚げは1cm厚さの
ひと口大に切る。豚肉は3〜4cm長さに切る。

煮る
3 鍋に昆布だしを温め、1、2を加え、全体に火
が通るまで煮る。塩、味噌で味をととのえる。

天然きのこが手に入ったら、さっとゆで、5％の塩をまぶして瓶に詰めて塩漬けにしておきます。使う場合は、水につけて塩ぬきしてから調理します。

水菜と油揚げのハリハリ鍋

油揚げはおいしいだしをたっぷりと吸わせて食べます。
食べごたえが出るように餅をしのばせました。豆苗は小松菜やほうれん草、チンゲン菜、にらなどでも。
水菜と豆苗は煮すぎず、シャキシャキした歯ざわりを楽しんで。

材料（2〜3人分）
油揚げ　2枚
切り餅　4個
水菜　2株
豆苗　1袋
○ スープ
昆布だし(P.6参照)　3〜4カップ
A ┃薄口しょうゆ　大さじ1
　┃みりん　大さじ1
　┃酒　小さじ2
塩　適量

作り方

下ごしらえ

1 油揚げは半分に切り、切り口を開いて袋を作る。切り餅を入れ、口を楊枝で留めて茶巾にする。
2 水菜は5cm長さに切る。豆苗は根元を切り落とし、食べやすい長さに切る。

煮る

3 鍋に昆布だしを温め、Aと1を入れて煮る。沸騰してきたら弱火にし、10分ほど煮る。
4 塩で味をととのえ、2を加えながら食べる。

油揚げに入れた餅がやわらかくなったら、食べごろです。スープをしみこませて食べて。

ごぼう鍋

ごぼうの歯ごたえと香りが決め手の鍋。
つるつるの春雨とシャキッとしたごぼうと、異なる食感を楽しんで。
ちょっぴり手間かもしれませんが、たっぷりとささがきごぼうを用意します。

材料(2〜3人分)
ごぼう　1本
豚バラ肉(薄切り)　120g
春雨(乾燥)　100g
塩　少々
黒こしょう、豆板醤、かんずり(P.126参照)　各適宜
● **スープ**
昆布だし(P.6参照)　3カップ
塩　小さじ1/2

作り方

下ごしらえ

1　豚肉は、軽く塩をして1時間ほどおき、3〜4cm長さに切る。
2　ごぼうはささがきにし、5分ほど水にさらす。春雨は水かぬるま湯でもどし、食べやすい長さに切る。

煮る

3　鍋に昆布だしを温め、塩で調味し、豚肉、ごぼう、春雨を加えて煮る。全体が煮えたらでき上がり。好みで黒こしょうや豆板醤、かんずりを合わせて食べる。

刻みねぎを散らしたり、好みでポン酢しょうゆをかけても合います。

秋冬ポトフ

牛すじのだしで根菜を煮ます。この組み合わせではセロリが隠し味としてとても重要。
この香りがないと、なんだかぼやけた仕上がりになるので、
セロリが苦手な方も香りのためにほんの少しでも入れてみてください。

材料(2〜3人分)
牛すじ肉　250g
酒　¼カップ
ブロッコリー　½個
カリフラワー　½個
セロリ　1本
れんこん　½節
じゃがいも　2個
塩　小さじ1
マスタード　適宜

作り方

下ごしらえ

1 牛すじ肉は水からゆで、沸騰したら湯を捨て、汚れやあくを流水で洗い、食べやすい大きさに切る。
2 厚手の鍋に1とひたひたの水、酒を入れ、強火にかけ、沸騰したらふたをして、弱めの中火で肉がやわらかくなるまで1時間ほど煮る。
3 ブロッコリー、カリフラワーは小房に分ける。セロリは葉と茎を分け、筋を除き、半分に切る。れんこんは皮をむき2cm幅の輪切りにする。じゃがいもは皮をむく。

煮る

4 2にれんこん、じゃがいもを入れ、ふたをしてやわらかくなるまで煮る。セロリ、ブロッコリー、カリフラワーも加えさらに煮て、最後に塩で味をととのえる。煮汁が少なくなったらそのつど水を加える。好みでマスタードをつけて食べる。

卓上にマスタード、塩を用意し、各自で味つけして食べてもいいですね。

春のポトフ

春野菜を、これまた春らしいだしで煮るポトフ。
あさりのうまみと塩気のバランスが、香りのいい春野菜にとても合います。
前出のポトフと同じく、野菜は大ぶりに切り、時間をかけて味を含ませます。

材料(3〜4人分)
春キャベツ　½個
新にんじん　2本
新玉ねぎ　2個
ごぼう　1本
うど　1本
かぶ　4個
ベーコン(塊)　200g
にんにく　2片
オリーブ油　大さじ2
● スープ
あさりだし(下記参照)　6カップ
塩　適量

作り方

下ごしらえ

1 キャベツは芯を残し半分に切る。にんじんは皮つきのまま長さを半分に切り、玉ねぎも半分に切る。ごぼうは6〜7cm長さに切り、5分ほど水にさらす。うどは6〜7cm長さに切り、厚めに皮をむく(皮はきんぴらにする)。かぶは茎を2cmほど残して切る。ベーコンは3cm幅に切る。
2 にんにくはたたいてつぶす。

煮る

3 厚手の鍋にオリーブ油と2を入れて弱火で炒め、香りが立ったらいったん火からおろして鍋を少し冷ます。1とあさりだしを加え、ふたをしてやわらかくなるまで弱めの中火で煮る。最後に味をみてから塩でととのえる。

● **あさりだし**
(作りやすい分量)のとり方

あさり(砂抜き済みのもの)500gは殻をこすり合わせてよく洗い、水10カップとともに鍋に入れ、中火にかける。煮立ってきたら弱めの中火にし、あくをすくいながら10分ほど煮てこす。
＊だしをとったあとのあさりは、身をはずし、つくだ煮などにする。

信州風おでん

長野に住む友人から聞きました。
南信州でおでんといえば、ねぎおかかで食べるのが定番なのだそうです。
入れる具材はなんでもよくって、ねぎおかかのたれさえあれば「信州風」になるのですって。

材料(2～3人分)
大根　6cm
こんにゃく　½枚
里芋　4個
ねぎおかか
　　長ねぎ　10cm
　　かつおぶし　4g
　　しょうゆ　大さじ1～2
● スープ
昆布だし(P.6参照)　3カップ
塩　小さじ½

作り方

下ごしらえ

1　大根は3cm幅の輪切りにして、皮を厚めにむき、さらに横半分に切る。片面に十文字に切り込みを入れ、米のとぎ汁か、米をひとつかみ入れた湯でやわらかくなるまでゆでる。水洗いして、串を刺す。

2　こんにゃくは熱湯で下ゆでし、3cm幅の長方形に切り、表面に格子状に切り込みを入れる。里芋は皮をむき、塩（分量外）をふってもみ、やわらかく下ゆでし、それぞれ串を刺す。

3　ねぎおかかを作る。長ねぎはみじん切りにし、かつおぶし、しょうゆと混ぜる。

煮る

4　鍋に昆布だしを温めて塩で味をつけ、1、2を加え、だし味がほんのりしみるまで弱めの中火で煮る。3をたっぷりのせて食べる。

"ねぎおかか"は、信州では定番の薬味。残ったら冷蔵庫で保存を。3～4日保存が可能です。

関東風おでん

野菜とおでんだねをたっぷりと煮れば、どちらからもいいだしが出て文句なしにおいしくなります。味がしみにくいものから煮て、
はんぺんなどすぐに火が通るものは最後に入れるのがポイントです。

材料（3〜4人分）
大根　½本
こんにゃく　1枚
ちくわぶ　1本
はんぺん　1枚
ちくわ、がんも、ごぼう天など　各4個
昆布（だしをとったもの）　12×20cm
ゆでうずらの卵　12個
和がらし　適宜
● **スープ**
昆布だし（P.6参照）　8〜10カップ
しょうゆ　大さじ3
みりん　大さじ3
塩　適量

作り方

下ごしらえ

1　大根は3cm幅の輪切りにし、皮を厚めにむき、片面に十文字に切り込みを入れる。米のとぎ汁か、米をひとつかみ加えてやわらかくなるまでゆで、水洗いする。
2　こんにゃくは下ゆでしてから、表面に格子状に切り込みを入れ、三角に切る。
3　ちくわぶはひと口大、はんぺんは三角に、ちくわは2〜3等分に切る。昆布は2cm幅に切って結ぶ。うずらの卵は3個ずつ串に刺す。

煮る

4　鍋に1、2、ちくわぶ、昆布を入れ、昆布だしをひたひたに注ぎ、しょうゆとみりんを加え、味がしみるまで弱めの中火で20分ほど煮る。
5　全体にふっくらと煮上がったら、味をみて塩でととのえ、残りの材料を加えて5分ほど煮る。好みで和がらしをつけて食べる。

おでんは煮上がったすぐより、一度冷ますと一層味を含んでおいしくなります。

●鍋に添えたい副菜 中華・エスニック

香菜サラダ

材料（2〜3人分）と作り方

香菜3束は葉を摘み、長ねぎ10cmはせん切りにし、一緒に器に盛りつけます。にんにくのしょうゆ漬け*のみじん切り1片分と、アーモンド油（または米油）大さじ1、白ワインビネガー小さじ½をふりかけて、よく混ぜて食べます。

＊にんにくのしょうゆ漬けは、薄皮をむいたにんにく数片を瓶に入れ、しょうゆを注いだもので1週間後から使えます。

セロリとパプリカのナンプラー漬け

材料(2〜3人分) と作り方
セロリ1本は、茎だけを4cm長さの薄切りに、パプリカ(赤、黄)½個ずつは細切りにします。レモン汁大さじ1½、ナンプラー小さじ2とあえて、30分ほど冷蔵庫において、冷やしながら味を含めます。

大根の花椒(ホアジャオ)しょうゆ漬け

材料(2〜3人分) と作り方
大根300gは皮をむいていちょう切りにし、塩小さじ½を混ぜて10分ほどおきます。水気が出たら、軽く絞って、酢、砂糖各大さじ1、薄口しょうゆ大さじ2、花椒、粗びき黒こしょう各適量とあえて30分ほどおきます。

切り干しとねぎの卵焼き

材料(2～3人分)と作り方
切り干し大根10gは水につけてもどし、軽く絞って食べやすい長さに切ります。長ねぎの青い部分1本分は小口切りに。卵3個は割りほぐし、砂糖大さじ1と塩ひとつまみを混ぜます。フライパンにごま油大さじ1を熱し、切り干し大根、長ねぎを炒め、ナンプラー小さじ1で味つけします。卵液を流し込んで大きく混ぜ、全体に半熟になったら、もうひと焼きして裏返し、両面をこんがりと焼き、食べやすく切って盛りつけます。

ブロッコリーのごま油ゆで

材料(2～3人分)と作り方
ブロッコリー1株は小房に分け、茎は厚めに皮をむいてひと口大に切ります。塩少々を加えた熱湯でゆで、ゆで上がりにごま油適量をかけ、ざるにあげて湯をきり、器に盛って熱いうちに食べます。

⑤ しゃぶしゃぶして楽しむ鍋

手早く準備ができるしゃぶしゃぶ。
具材を入れて煮えばなをひょいとすくって食べるから、
各自自分好みの火の通し加減で食べられるのもいい。
ほかの鍋同様、だしに味をつけてしまい、
たれはつけずに薬味や柑橘類を搾って食べるのがマイブーム。
ポン酢しょうゆやごまだれのほかに大根おろしや、
柚子こしょうなどの薬味の用意があると、
しゃぶしゃぶも飽きません。

牛しゃぶ

牛しゃぶに欠かせないごまだれとポン酢しょうゆ。
このふたつをミックスしたポンごまだれは、酸味とコクがきいて我が家では好評です。
牛肉と野菜のうまみがたっぷり出たスープで、シメはさっぱりと、太めのくずきりが定番です。

材料(3〜4人分)
牛肉（しゃぶしゃぶ用）　400g
白菜　¼個
春菊　1束
生しいたけ　4枚
えのきたけ　1袋
もやし　1袋
ごまだれ
　白練りごま　大さじ4
　しょうゆ　大さじ2
　酢、砂糖　各小さじ4
ポン酢しょうゆ　適量
● スープ
昆布だし(P.6参照)　8〜10カップ

作り方

下ごしらえ

1 白菜は葉と軸に分け、縦に細切りにする。春菊は長さを3等分にし、しいたけは石づきを除き、大きいものは半分に切る。えのきたけは根元を切り落とし、もやしはできるだけひげ根をとる。
2 ごまだれの材料を混ぜ合わせ、好みの濃度に水（分量外）でのばす。

煮る

3 鍋に昆布だしを温め、野菜を入れ、牛肉をしゃぶしゃぶして、ごまだれやポン酢しょうゆにくぐらせて食べる。

ごまだれにはラー油を、ポン酢しょうゆには小口切りの万能ねぎを加えても。または軽く塩をふり、レモンやすだちをたっぷりと搾るのもおすすめ。

豚とねぎのしゃぶしゃぶ

長野の温泉宿でいただいて以来、我が家の定番になった鍋です。
長ねぎの斜め薄切りを山盛り用意します。こんなに、と思われるでしょうが、
これがあっという間にスープの中で小さくなって、おなかにおさまっていくのです。

材料（3〜4人分）
豚肉（しゃぶしゃぶ用）　400g
長ねぎ　8本
● **スープ**
鶏だし（P.6参照）　4〜6カップ
昆布だし（P.6参照）　4〜6カップ
ナンプラー　大さじ2
塩　小さじ1
好みの柑橘類、柚子こしょう　各適宜

作り方
下ごしらえ
1　長ねぎは斜め薄切りにする。

煮る
2　鍋に2種のだしを合わせて温め、ナンプラー、塩で味をつける。
3　たっぷりの長ねぎを入れ、豚肉をしゃぶしゃぶしてねぎをはさみ、器にとって食べる。好みで柑橘類を搾ったり、柚子こしょうをつけても。

煮込んだねぎは、辛みが抜けて甘みが増します。

鶏しゃぶ

だしをおもゆにかえて楽しむしゃぶしゃぶです。
おもゆは具材にからみ、とろみの衣をまとわせて、口当たりをやさしくしてくれます。
真っ白な鍋の中もまた美しいのです。

材料(2〜3人分)
鶏ささ身　4本
鶏胸肉　1枚
ほうれん草　4〜5株
長ねぎ　2本
ポン酢しょうゆ　適量
● **スープ**
昆布だし(P.6参照)　2カップ
米　1カップ
塩　小さじ½

作り方

下ごしらえ

1 米は洗って30分ほどおく。鍋に米と水10カップ（分量外）を入れて火にかけ、ふつふつしてきたら弱火にし、ふたをずらしてかけて20分ほど炊く。
2 1のおかゆの粗熱をとり、ミキサーにかけておもゆを作る（写真）。
3 鶏肉はともに薄くそぎ切りにする。ほうれん草はざく切り、長ねぎは1cm幅の斜め切りにする。

煮る

4 鍋に2のおもゆ2カップと昆布だし、塩を合わせて温め、ほうれん草とねぎを入れて煮る。鶏肉をしゃぶしゃぶして、ポン酢しょうゆにつけて食べる。

口当たりをやさしくするため、おかゆをミキサーまたはフードプロセッサーを使って、とろとろのおもゆにします。

金目しゃぶ

近くの海では、ほぼ一年中金目鯛がとれます。
しかも安く手に入るものですから、しゃぶしゃぶで金目鯛をよく食べるようになりました。
まずはアラでスープを作り、あとはその中でしゃぶしゃぶするだけ。だしが一番のごちそうです。

材料(2〜3人分)
金目鯛　1尾分＊
白菜　1/8個
万能ねぎ　1/2束
すだち　適宜
 スープ
昆布　10cm
塩　小さじ1
ナンプラー　少量
＊金目鯛は魚屋さんで、三枚おろしにして身は薄切りに、アラはぶつ切りにしてもらう。

作り方

下ごしらえ

1　鍋に金目鯛のアラと昆布を入れ、水4〜5カップ（分量外）を注ぎ、中火にかける。煮立ってきたらあくをとり（写真）、10分ほど煮て、アラと昆布を除く。

2　白菜は軸と葉に分け、ざく切りにし、万能ねぎは長さを3〜4等分にする。

煮る

3　1に塩とナンプラーを加えて味をつけ、白菜の軸を加えてやわらかく煮る。金目鯛、万能ねぎ、白菜の葉をしゃぶしゃぶして器にとり、好みですだちを搾って食べる。

金目鯛のアラと昆布でだしをとります。ていねいにあくをすくい、澄んだスープに仕上げます。

ぶりしゃぶ

ぶりはだしにくぐらせるとうまみが際立ち、
刺身で食べるよりもやさしい味に。
たっぷりのもみじおろしとポン酢でいただくと、魚独特のくせもやわらぎます。

材料(2〜3人分)
ぶりの刺身　2〜3人分
水菜　2株
長ねぎ　1本
もみじおろし(P.126参照)
　大根　6cm
　赤唐辛子　1〜2本
ポン酢しょうゆ　適宜
すだち　適宜
塩　適宜
● **スープ**
昆布だし(P.6参照)　2〜3カップ
塩　小さじ1/2

作り方

下ごしらえ

1 水菜は5cm長さに切り、長ねぎは5cm長さに切り、縦半分にする。
2 もみじおろしを作る。大根に菜箸などで穴を開け、種を除いた赤唐辛子を詰めておろす。

煮る

3 鍋に昆布だしを温め、塩で薄く味をつけ、水菜、長ねぎを入れて煮る。ぶりをしゃぶしゃぶして、ポン酢しょうゆともみじおろしで食べる。すだちを搾り、塩をふっても美味。

ぶりは身がかたくならないように、1〜2回しゃぶしゃぶする程度でOK。

鯛しゃぶ

鯛も一尾買いして、頭や中骨でだしをとります。
このだしは、ほんとうに一滴も残さず飲み干してしまうほど絶品の味。
香り野菜と合わせると、にくいほどしゃれた鍋になるのです。

材料（2〜3人分）
鯛　小1尾*
わかめ（もどしたもの）　1カップ
うど　½本
木の芽　適量
塩　適量
● スープ
昆布だし（P.6参照）　4カップ
塩　適量
薄口しょうゆ　少量
＊鯛は魚屋さんで、三枚おろしにしてもらい、頭と中骨も持ち帰る。

作り方

下ごしらえ

1 鯛の身はひと口大に切り、軽く塩をして、頭、中骨とともに魚焼きグリルで表面をこんがりと焼く。
2 わかめは食べやすい大きさに切る。うどは皮を厚めにむき、短冊形に切り、5分ほど水にさらす（皮はきんぴらにする）。

煮る

3 鍋に1の鯛の頭と中骨を入れ、昆布だしを加えて火にかけ、10分ほど煮てだしをとり、頭と中骨を除く。塩、薄口しょうゆで味をつけ、木の芽を散らす。
4 鯛の身、わかめ、うどを加え、さっと煮て器にとって食べる。

★ シメのごはん

うどん　具材を食べ終えたら、ゆでうどんや乾麺をゆでたものを入れていただきます。鯛のうまみが詰まった上品なスープを最後まで堪能してください。

エスニック鍋

香菜やナンプラーの風味をきかせたスープで具材を煮ていきます。
肉に野菜や魚介が入ることでそれぞれのいい味がミックスされます。
シメは米の麺、フォーがおすすめ！　ゆでたフォーをさっと煮て香菜を散らし、こしょうをふります。

材料（2～3人分）
豚バラ肉（薄切り）　150g
えび　4尾
白身魚やいかのすり身　100g
黄にら　½束
レタス　½個
セロリ　6cm
香菜　1束
甘酢だれ
　| ナンプラー　小さじ1
　| スイートチリソース　大さじ2
　| レモンまたはライムの搾り汁　½個分
　| 砂糖　小さじ1
　| 水　大さじ2
レモンまたはライム　適宜
● スープ
鶏だし（P.6参照）　4～5カップ
塩　小さじ½

作り方

下ごしらえ

1　えびは尾を残して殻をむき、背わたをとる。豚肉は長さを4等分に切る。黄にらは7～8cm長さに切り、セロリは縦に薄切りにする。香菜は5cm長さに切り、根はとっておく。レタスは大きめにちぎる。
2　甘酢だれの材料を合わせる。

煮る

3　鍋に鶏だしと香菜の根を入れて温め、香りを移し、塩で味をととのえる。
4　すり身をスプーンで落とし入れ、火を通し、えび、野菜、豚肉をさっと煮ながら食べる。器に取り分け、2をかける。

甘酢だれをかけて、好みでレモンかライムを搾っていただきます。

野菜しゃぶしゃぶ

野菜だけなのに、決してさっぱりで終わらない。
食べごたえがあるのは鶏のだしがきいているから。レシピは根菜だけにしましたが、
どうぞ葉野菜も合わせて作ってみてくださいね。

材料(2〜3人分)
ごぼう　1/2本
じゃがいも(メークイン)　1個
大根　1/4本
にんじん　1/4本
れんこん　1/2節
ポン酢しょうゆ、柚子こしょう、七味唐辛子など
　各適宜
● **スープ**
鶏だし(P.6参照)　2〜3カップ
昆布だし(P.6参照)　2カップ
塩　小さじ1
ナンプラー　大さじ1

作り方

下ごしらえ

1 ごぼうは洗って縦半分に切る。じゃがいも、大根、にんじんも皮をむき、縦半分に切る。どの野菜も、切り口にピーラーかスライサーをあてて薄く削るようにし、長さが出るようスライスする。れんこんは薄い輪切りにする。

煮る

2 鍋に2種のだしを合わせて温め、塩、ナンプラーで味をつけ、スライスした野菜をしゃぶしゃぶする。汁も一緒に食べる。好みで、ポン酢しょうゆをかけたり、柚子こしょうや七味唐辛子などの薬味をつけて食べる。

シャキッとしたいときは軽く、やわらかくしたいときはしっかりしゃぶしゃぶして、野菜の歯ごたえを変えて楽しみます。

夏鍋

暑い時期こそ鍋がおすすめ。土鍋が一年中活躍してくれます。
準備の手軽さはもちろんですが、フーフーいいながら、汗をかきながら、
鍋を囲むと、食べ終わった後、不思議とさっぱりとするんです。
夏鍋を食べているからか、我が家では夏バテがありません。

キムチ鍋

キムチと豆腐さえあればできてしまう鍋ですが、
今回はもうひとつ塩豚を合わせてみました。
物足りない場合には、豆板醤や一味唐辛子、
香味野菜と味噌などを混ぜ合わせた辛み味噌（P.127参照）を
つけながら食べるのもおすすめです。

材料（2〜3人分）
豚肩ロース肉（塊）　200g
塩　小さじ½
白菜キムチ　130g
にら　3〜4本
木綿豆腐　1丁
白いりごま　適量
● **スープ**
鶏だし（P.6参照）　2〜3カップ
しょうゆ、ナンプラー　各適量

作り方
下ごしらえ

1 豚肉は、全体に塩をすり込み、ラップできっちり包み冷蔵庫に2晩おく。
2 キムチは食べやすい大きさに切り、にらは4cm長さに切る。1の豚肉は水気をふき、1cm幅に切る。

煮る

3 鍋に豆腐を切らずに入れ、キムチ、豚肉を入れたら、鶏だしを加えて火にかける。煮立ったら中火にして4〜5分煮る。豆腐を大きくくずし、にらを加える。しょうゆとナンプラーで味をととのえ、白いりごまをふる。

夏野菜の豚しゃぶ

我が家では季節を問わず鍋を食べますから、こんな夏レシピも生まれます。
残り野菜を細かく切り刻み、だしで煮て、しゃぶしゃぶした肉で野菜を巻くようにして食べるのがミソ。
夏野菜だけだとさっぱりしがちなところを高菜漬けでコクと味を出します。

材料(2〜3人分)
豚バラ、ロース肉(しゃぶしゃぶ用)
　合わせて200g
とうもろこし　1/2本
オクラ　1/2袋
さやいんげん　5本
にら　1/4束
アスパラガス　2本
なす　1本
ズッキーニ　1/2本
新ごぼう　1/2本
にんにく、しょうがのみじん切り　各1/2片分
高菜漬け(または味つけザーサイ、刻んで)
　1/4カップ
ごま油　小さじ2
● **スープ**
鶏だし(P.6参照)　4〜5カップ
塩　適量
ナンプラー　大さじ1

作り方

下ごしらえ

1 とうもろこしは実を削いで芯からはずす。オクラ、さやいんげん、にら、アスパラガスは1cm幅に切り、なす、ズッキーニ、ごぼうは1cm角に切る。

煮る

2 鍋を熱してごま油をなじませ、にんにく、しょうがを香りが立つまで弱火で炒め、にら以外の野菜と高菜漬けを入れてさっと炒める。鶏だしを加え、やわらかくなるまで中火で煮る。にらを加え、塩、ナンプラーで味をととのえる。
3 豚肉を入れてしゃぶしゃぶしたら、野菜をたっぷり包んで食べる。

★シメのごはん

煮込みラーメン　野菜を少し残した状態で、ラーメンを入れて、煮込みます。生ラーメンはさっとゆでてから、乾麺は直接スープに入れて煮込みます。

夏野菜の蒸し鍋

野菜は蒸すとまた一段と甘みが出ておいしい。野菜は季節ものならなんでもかまいません。
火の通り具合に差があれば時間をみて鍋に順に加えながら作りますが、
最近は、蒸しすぎたくらいやわらかくなった野菜もまたおいしいものだなと思うようになりました。

材料（2〜3人分）
なす　1本
とうがん　1/16個
かぼちゃ　1/16個
ズッキーニ　1/2本
パプリカ（黄）　1/2個
とうもろこし　1/2本
オクラ　4本
さやいんげん　6本
ポン酢しょうゆ、めんつゆ（P.28参照）　各適量
しょうがのすりおろし、おろしわさび　各適宜

作り方

下ごしらえ

1　なすは皮をむき、長さを半分にし、縦4等分に切る。とうがんはひと口大に切り、わたと種を除き、皮をむく。かぼちゃ、ズッキーニ、パプリカ、とうもろこしは食べやすい大きさに切る。オクラはガクの周りをぐるりとむく。さやいんげんは長さを半分に切る。

蒸す

2　蒸し鍋の蒸気がしっかり上がったら、1を並べ入れ、強火で10〜20分蒸す。やわらかくなったものからとって、ポン酢しょうゆやめんつゆをつけて食べる。しょうがじょうゆや、わさびじょうゆも合う。

しょうゆ味以外に、ごま油と塩をふりかけて食べるのもおすすめです。

湯豆腐

鍋の真ん中にねぎだれの器を入れ、その周りに豆腐を入れてグツグツ。
これが、私が育った家の湯豆腐の食べ方。
こうするとたれも温められ、豆腐にのせてもどちらもアツアツで食べられます。
子どものころはあまり好んで食べなかったけれど、
大人になるとしみじみとおいしいと思う鍋のひとつになりました。

材料(2〜3人分)
絹ごし豆腐　2丁
ねぎだれ
　長ねぎ　1本
　しょうゆ　大さじ2
　かつお節　1パック(3g)
実山椒のつくだ煮(P.126参照)　適宜
● スープ
昆布だし(P.6参照)　4カップ

温かい豆腐に、ねぎだれもほんのり温かく、冷ややっことはまた違ったおいしさがあります。

作り方
下ごしらえ
1 豆腐は食べやすい大きさに8等分ほどに切る。
2 ねぎだれを作る。長ねぎはみじん切りにし、しょうゆ、かつお節を混ぜる。

煮る
3 鍋に昆布だしを入れ、清潔な小さな器にねぎだれを入れて真ん中に置き、だしを温める。周囲に豆腐を加え、弱めの中火で静かに温める。豆腐が温まったら火を弱め、豆腐を器にとってねぎだれをかける。粗く刻んだ実山椒のつくだ煮をる。合わせてもおいしい。

★シメのごはん

豆腐のっけご飯
温かいご飯に豆腐をのせ、ねぎだれと、好みで種を除いてたたいてペースト状にした梅干しをのせて食べます。

なすとみょうがの鍋

夏の終わりから初秋の鍋もの。一見地味ですが、滋味深い味わいです。
みょうがの香りが一段と夏の終わりを演出してくれます。
シメに蕎麦を入れて食べてもおいしい。

材料（2～3人分）
豚肩ロース肉（薄切り）　4枚
なす　4本
みょうが　4個
しめじ　½パック
● スープ
昆布だし（P.6参照）　3～4カップ
A ┃ 薄口しょうゆ　大さじ1
　┃ 酒、みりん　各小さじ2
　┃ 塩　小さじ½

作り方
下ごしらえ
1　なすは縦6～8等分に切り、みょうがは縦に薄切りにする。しめじは小房に分ける。豚肉は3～4cm長さに切る。

煮る
2　鍋に昆布だしを温め、Aで味をととのえ、なす、豚肉、しめじを加えて中火で煮る。全体に火が通ったらみょうがを加える。

トマトチーズフォンデュ

トマトの汁気でチーズを溶かしながら食べると、酸味がほどよく、チーズだけよりもさっぱり。
フレッシュトマトを煮詰めた"トマト煮"、トマト缶、どちらで作ってもおいしいです。
チーズが溶けたらさっとバゲットですくいとって、フーフーしながら口に運んでくださいね。

材料(2〜3人分)

バゲット　適量
● スープ
トマト缶(ホールタイプ)
　　½缶(200g)
モッツァレッラチーズ　1個
ピザ用チーズ　1つかみ
A ┃ おろしにんにく　½片分
　 ┃ 塩　少量
　 ┃ オリーブ油　大さじ1

作り方

下ごしらえ

1　バゲットはひと口大に切る。
2　トマト缶はボウルにあけ、トマトを手でつぶす。モッツァレッラチーズは常温に置いてやわらかくし、手でちぎる。

煮る

3　鍋に2のトマトを汁ごとと A を入れ、中火で煮る。トマトの汁気が少し煮詰まってきたら、2種のチーズ少量を入れ、チーズが溶けてきたらフォークなどでバゲットを刺し、チーズとスープをからめて食べる。チーズは少しずつ入れながら食べる。

薬味のこと

薬味の組み合わせをあれこれと考えると、
鍋の味わいが広がっていきます。
辛み、酸味、香り、どれをとっても同じにならない味わいは、
鍋の隠れた主役といっていいくらい。

1 もみじおろし（右記参照）

2 すだち・柚子皮せん切り

3 七味唐辛子・黒七味（右記参照）

4 かんずり（右記参照）

5 豆板醤

6 しょうがのせん切り

7 実山椒のつくだ煮

8 万能ねぎの小口切り

9 柚子こしょう

10 レモン・ライム

11 青唐辛子の小口切り

12 マスタード・粒マスタード

13 和がらし

14 白いりごま

15 こしょう

16 ラー油

17 辛み味噌（右記参照）

18 粉山椒

もみじおろし・・・・・・・・・・・・・・

材料（作りやすい分量）と作り方
赤唐辛子1〜2本は種を除きます。大根
5cmは菜箸などで穴を開けて、そこに赤
唐辛子を詰め、おろし金ですりおろし、
ざるにあげて軽く水気をきります。
＊おろしたてがおいしいので、なべの用意が
ととのってからおろしはじめます。大根おろ
しに一味唐辛子を混ぜてもよいです。

黒七味・・・・・・・・・・・・・・・・・

黒七味は京都で作られる濃い茶色になるま
で炒った七味です。

かんずり・・・・・・・・・・・・・・・・

新潟県妙高市で作られる香辛料です。塩漬け
した赤唐辛子を雪の上でさらしてあくを抜
くのが特徴。麹などと混ぜて発酵させた、独
特の風味があります。

辛み味噌・・・・・・・・・・・・・・・・

材料（作りやすい分量）と作り方
にんにく、しょうが各2片、長ねぎ1本
はみじん切りにし、ごま油大さじ1でこ
んがりとするまで炒めます。粗びきの赤
唐辛子粉（または粗くくだいた赤唐辛子）
$\frac{1}{4}$カップと味噌1カップを加え、混ぜな
がら火を通し、最後に味をみて砂糖、み
りん各適量で味をととのえます。

飛田和緒 ひだ・かずを
東京都生まれ。高校3年間を長野で過ごす。現在は、魚がおいしい海辺の町で夫と娘の3人で暮らす。日々の暮らしの中から生まれる、身近な材料で作る無理のないレシピが人気。鍋の日は、薬味やたれを何種か準備して鍋を楽しむことにしているので副菜はほとんどなし。添えるとしても箸休め程度の簡単なものが飛田さんのルールです。著書に『飛田和緒の郷土汁』(小社刊)、『常備菜』、『常備菜2』(共に主婦と生活社)、『くりかえし料理』(地球丸)など多数。

ブックデザイン　縄田智子（L'espace）
撮影　馬場わかな
スタイリング　久保原惠理
　　　　　　　（1〜27、46〜48、74〜76、78〜79、
　　　　　　　96〜98、122〜123ページ）
校正　株式会社円水社
編集　相沢ひろみ　能勢亜希子（編集部）

この本は、小社より刊行した『飛田和緒のなべ』（2009年刊行）の内容をベースに再編集し、新規撮影を加えてまとめたものです。

飛田和緒の
おうち鍋

発行日　2017年10月20日　初版第1刷発行

著　者　飛田和緒
発行者　井澤豊一郎
発　行　株式会社世界文化社
　　　　〒102-8187
　　　　東京都千代田区九段北4-2-29
　　　　電話　03-3262-5118（編集部）
　　　　　　　03-3262-5115（販売部）
印刷・製本　共同印刷株式会社
DTP製作　株式会社明昌堂
©Kazuwo Hida, 2017. Printed in Japan
ISBN 978-4-418-17343-3

無断転載・複写を禁じます。
定価はカバーに表示してあります。
落丁・乱丁のある場合はお取り替えいたします。